Sentimientos

> Jaramillo, Miriam
> Sentimientos / Miriam Jaramillo; edición literaria a cargo de Luis Pedro Videla; 1ª ed. ~ Ciudad Autónoma de Buenos Aires: Deauno.com, 2016.
> 114 p.; 21 x 15 cm.
>
> ISBN 978-987-680-124-9
>
> 1. Poesía colombiana. I. Videla, Luis Pedro, ed. lit. II. Título.
>
> CDD Co861

Queda rigurosamente prohibida, sin la autorización escrita de los titulares del copyright, bajo las sanciones establecidas por las leyes, la reproducción total o parcial de esta obra por cualquier medio o procedimiento, comprendidos la fotocopia y el tratamiento informático.

© 2016, Miriam Jaramillo
© 2016, Deauno.com (de Elaleph.com S.R.L.)
© 2016, Luis Videla, edición literaria
© 2014, Florencia Saez, Diseño de cubierta

contacto@elaleph.com
http://www.elaleph.com

Para comunicarse con el autor: miriam.jaramillo1@gmail.com

Primera edición

ISBN 978-987-680-124-9

Hecho el depósito que marca la Ley 11.723

Impreso en el mes de marzo de 2016 en
Bibliográfika, de Voros S.A.
Barzana 1263. Buenos Aires, Argentina

Miriam Jaramillo

Sentimientos

deauno.com

*Dedico este libro a todos aquellos que han amado
y que por amor han vivido las mas hermosas
sensaciones de la vida o que quizás alguna vez
han llorado o se han sentido solos o tristes.
A todos aquellos que en su corazón
han anidado estos...*
Sentimientos

~I~
Así soy

Me abrí el alma y desnudé mi cuerpo,
mi corazón, un niño dormido.
Palomas mis manos, mi pecho desierto,
perfiles mis ansias, carentes de nido.

Latidos en olas, la sangre en mis venas,
racimos mis dedos crispados al tiempo,
fragmentos de amores que forman mis penas,
murmullos lejanos que son mis lamentos.

Remolinos galopando por dentro de mis arterias,
ecos que danzan al son del recuerdo.
Somos arcilla, carne y materia
de caminos secretos, que encuentro y los pierdo.

~2~
El mendigo

Con manitas pequeñas y sucias,
estiradas en súplica, el mendigo va.
Un niño de rizos y mirada mustia,
soñando tristezas en su realidad.

Corre las calles, implora cariño,
grita y ruega, buscando su pan.
La gente lo mira, se olvida del niño,
y él, solo y triste, callado se va.

Así pasa el tiempo, amargos los días,
minutos de hambre y cruel soledad.
Un niño tan solo buscando comida,
qué triste crudeza es la sociedad.

Su carita sucia, su ropa gastada,
el hambre en sus ojos, el frío en su cuerpo,
sin casa, ni abrigo, sin pan y sin nada,
un niño que vive en su propio desierto.

~3~
Cuando me recuerdes

Cuando me recuerdes
piensa en lo más sutil al evocarme.
Recuerda que al pensarme, mi alma en ti se pierde.
Piensa que al quererte, te amo por amarme.

Si miro al infinito, te hallo en todas partes.
Te llevo en mi cuerpo, tallado en mi mente.
Solo anhelo quererte, solo pienso en amarte,
talismán de mi vida, hasta que llegue mi muerte.

Si me piensas cariño, hazlo lentamente,
con arrullos de sueños y murmullos de anhelos.
Al pensarme, tesoro, ten siempre presente
que al amarnos los dos, somos dueños del cielo.

~4~
A SOLAS

En esos espacios en los que el alma llora,
y el corazón galopa sin sentido,
nos encontramos de pronto en un mundo a solas,
luchando entre recuerdos, de cosas que se han ido.

Miramos a lo lejos, midiendo las distancias.
Contamos con tristeza los minutos y las horas,
el tiempo se evapora al son de nuestras ansias
y por dentro la nostalgia, en nuestro cuerpo aflora.

Y entonces en silencio luchamos quedamente.
Sentimos ahogarnos en gran incertidumbre,
pensamos que morimos, despacio y lentamente
se adueña de nosotros la triste pesadumbre.

~5~
Por siempre

Ninguna barrera atará mi corazón para quererte,
ni el infinito podrá detenerme en mi sentir.
Nada en este mundo, ni siquiera la muerte,
podrán impedir que yo te ame así.

Mira el mar extenso y profundo,
las estrellas lejanas de una noche azul.
Mide las distancias del mundo
y entonces sabrás que en mi amor, sólo estás tú.

Ni el viento fuerte arrancar pudiera
estas raíces de mi amor por ti.
Pasarán los siglos, se acabará la tierra,
pero este cariño no podrá morir.

Habrá cenizas, se encontrarán escombros,
nuestros cuerpos no existirán,
mas este amor llenará de asombro,
al mismo infinito y a la humanidad.

~6~
Cuando estemos viejos

Cuando estemos viejos y los dos recordemos,
nuestros momentos pasarán despacio.
Reiremos juntos por nuestros años viejos,
y en nuestras almas vivirá el espacio.

Recordaremos nuestros pecados,
aquellos días de incertidumbre,
y en cada hora que corra al tiempo
recordaremos nuestros momentos,
con alegría o con pesadumbre.

Habrá silencios en nuestros años,
nuestro cariño será seguro.
Tú, te dormirás pensando.
Yo, seguiré bordando nuestro futuro.

Y los dos muy juntos,
ya sin prisas ni remordimientos,
seremos uno en nuestro mundo,
seremos uno en los pensamientos.

Tú, con arrugas y cabello blanco.
Yo, coqueteando a pesar de mis años,
queriendo dormir aún en tus brazos,
recordando en silencio los tiempos de antaño.

~7~
Cuando me haya ido

Cuando me haya ido, yo estaré contigo.
Mi recuerdo será tu aliado.
Me hallarás siempre al mirar las nubes,
me hallarás sonriendo, me hallarás pensando,
y sabrás entonces que no te he dejado.

Al mirar las aves, te estaré mirando.
Cuando al mar tú vayas, encontrarás mi eco.
Al pisar la arena, te estaré besando.
Y al mirar al cielo, sentirás lo nuestro.

Quiero que sepas que al morir mi cuerpo,
mi alma se llevará tu esencia,
porque en la tierra aunque yo haya muerto
se quedará contigo, por siempre mi presencia.

Oirás mi voz, tendrás la ternura que te daba,
cerrarás tus ojos y verás los míos.
Escucharás mi risa, las cosas que anhelaba,
y al recordarme entenderás, cariño,
que nunca yo de ti me he ido.

~8~
Hoy quise ser niño

Hoy quise ser niño y soñar que me arrullaban,
en dulces melodías mi alma la acunaban.

Volar en fantasías, vivir en ilusiones,
ser pequeño, como nota de música y canciones.

Un niño simplemente, sin penas ni amarguras,
vivir un mundo blanco de sueños y ternuras.

Correr por caminos de flores y alegrías,
en un paraíso de juguetes y armonías.

Tener la cara sucia después de haber jugado,
dormirme en las nubes de un sueño dorado.

Llevar el corazón sin heridas ni tormentos,
vivir volando en las alas del viento.

~9~
Mujer

Mujer que has amado, entregando tu vida,
tú que vives y sueñas, tú que cuidas y mimas.
Tú que ocultas, callada, tus tristes heridas
y sin reproches, silente el mundo caminas.

Tú, mujer, que das todo al ser que te ama,
que de pronto te encuentras muy sola y perdida.
Tú, qué piensas en él desde el fondo del alma,
a pesar de las mentiras que llenan su vida

Tú que sabes, mujer de los sueños dorados.
Tú, que llenas el mundo con amor a tu paso,
si te sientes herida porque el amor se ha escapado,
no dejes que llegue a tu vida el fracaso.

~10~
MAGIA

Magia es sentirte, es oler tu piel al tenerte.
Magia es saber que me amas y vibrar al amarte.
Magia eres tú, simplemente al quererte.
Magia son los momentos que tú me enseñaste

Es algo tan bello que no puede explicarse,
es un jardín de flores, que nacen del alma.
Es tocar el cielo con solo mirarte,
es vivir un sueño que te llena de calma.

Magia es, al mirarte, encontrar las estrellas,
es saber que me quieres y escuchar que me hablas.
Es, cariño mío, que existes en ellas.
Porque tú eres mi vida y sé que me amas.

Magia, magia, magia, eso eres tú en mi vida.
Eres luz, eres todo lo que anhelo.
Magia es saberme consentida
en tus mimos, que son mi propio cielo.

~II~
Mi vejez

Frente al espejo miro pasar mis años.
Las huellas del tiempo que arrugan mi piel,
mis ojos cansados de sueños de antaño,
mis manos vacías de promesas de ayer.

Sin quejas pasan los días,
las lágrimas quedan ya sin brotar,
por dentro mi alma, ya casi vacía,
mi cuerpo sin ansias, sin sed ya de amar.

Me sigo mirando en silencio, despacio,
recuerdo las ansias de mi juventud,
camino despacio, sintiendo cansancio,
buscando en el tiempo de mi plenitud.

Y así voy marcando mis años presentes,
pensando y sintiendo con gran ansiedad,
días que se han ido, momentos ausentes,
señalando en mi espejo, con cruel realidad.

~12~
Crepúsculo

En la hora misteriosa del crepúsculo,
cuando mis sentimientos casi duermen al descuido.
Acaricio la sed de mis impulsos
con las dulces pasiones en que vivo.

Y en ese espacio de tiempo silencioso
mezclo en sus sombras mis delirios.
Mi mente y mi cuerpo, recelosos,
unidos en la magia del idilio.

Y al estirar mis brazos en forma irracional,
luces de colores en mi nido
y esa misma penumbra fantasmal,
devolviéndome mil noches que se han ido

~13~
BUSCÁNDOTE

Me quede atrapado en la miel de tus besos,
soñando en el tiempo y buscando tenerte.
Volé con mi mente, quedándome preso,
en instantes que guardo en mí tan presentes.

Atravesé montañas, caminos y ríos
y busque tus ojos, de tiernos destellos.
Soñé con tu cuerpo, tan suave y tan mío,
acaricie esos sueños y me dormí con ellos.

Y al viajar en sueños, te tuve tan cerca,
respiré tu aliento y sentí tu tibieza.
Y al despertar, mi mente tan loca y tan terca,
creyó que era cierto y me convenció, traviesa.

~14~
MAYORES

Mayores nos dicen al vernos pasar,
porque nuestros años nos tiñen de blanco
y nuestras arrugas denotan la edad.
Mayores nos dicen al vernos pasar,
sin saber que llevamos el sol de la vida,
la luna y el mar.

Si supieran que ahora vivimos seguros.
Ya nuestra vida la componen momentos.
Valoramos el tiempo, sin reproche alguno.
Somos felices, aunque marchemos lento.

Llevamos por dentro la experiencia del tiempo.
A través del recuerdo, miramos la vida.
Vivimos intenso cada momento,
 y nunca pensamos en nuestra partida.

Y si aun así, nos dicen mayores,
sé que lo somos, mas cuánto darían
por haber vivido los años mejores,
y tener la experiencia que ahora nos guía.

Mayores, sí, ¡qué maravilla!
Mayores de todo y cuántas historias.
Tranquilos, sin prisas, mayores, mayores.
¡Que viva la vida, salud por la gloria!

~15~
Como una golondrina

Como una golondrina mi corazón anida,
herido con las penas y mentiras del amor,
muy triste y cabizbajo, huyendo, y en su huida,
quebrándose sus alas conoció el dolor.

Trató de alzar su vuelo, aún esperanzado
y estando ya en los aires, con angustia comprendió
que duelen las heridas y huyéndole al pasado,
el presente fue más crudo que el pasado que lo hirió.

Más aún desorientado, solo y muy dolido,
vivió la indiferencia de aquel ser tan amado,
sintió las soledades y se ocultó en su nido,
cual triste golondrina, por todos ignorado.

Y aquel futuro bello, de sueños anhelados,
y aquel castillo blanco, que construyó el amor,
se fue deteriorando en cansancios saturados,
de miles de promesas, carentes de pasión.

Y ya sin prisas, ni ansias, ni sorpresas,
todo confusiones en nuestro gran amor,
como las golondrinas, mi corazón lo expresa,
cansado del invierno, voló lejos, muy lejos,
                                    [en busca de calor.

~16~
MIS ILUSIONES

En un suspiro que llevaba momentos,
mi alma voló desnuda y traviesa.
Los segundos quedaron presos del tiempo,
cubiertos de brisa y de naturaleza.

Todo este sentir se mezcló con mis ansias,
Amor, dulce vino, de momentos vividos,
deja que mis ecos recorran distancias,
libres pensamientos en el mundo mío.

Espacios que llenan mis emociones.
Fantasías volando en el firmamento.
Silencios de sueños y de ilusiones,
juego de frases y juramentos.

~17~
Invierno

Al mirar de lejos la nieve, como estrellas,
cayendo suave en claros remolinos,
siento que el invierno va mezclado en ella,
besando la tierra con roces cristalinos.

En los jardines todo de un blanco inmaculado,
las huellas lentas y aturdidas,
el viento de aires congelados,
mezclando en sus quejas fantasías.

Como un cuento de hadas el paisaje:
aires, nieve, vientos.
Un invierno dejando en su mensaje
caricias de blancos sentimientos.

Veo caer la nieve, con su pálida blancura,
brillar en las ramas y en el suelo,
con su capa de tímida hermosura
se tiñen de sueños mis anhelos.

~18~
ÉXTASIS

En ese éxtasis infinito, donde el cuerpo vibra
                        [y el alma se agiganta,
donde el tiempo es cielo y latido el corazón,
donde no hay barreras y la voz se vuelve
                        [un quejido en la garganta.
Sublime sensación, néctar del amor.

Sagrado momento de dos seres que se aman,
fragancia de suspiros y de ecos de ilusión,
sentir que estamos vivos, que hierve nuestra sangre,
mientras el mundo viaja en alas de pasión.

Es magia, es gozo, es cielo, es fantasía.
Es tenerte, es sentirte, es lujuria, es ternura.
Es el milagro de vivir en tu vida,
promesa divina, sabor a dulzura.

Y así, en una locura de inmensas sensaciones,
nuestros cuerpos unidos volando en fantasía,
atravesando el mundo en sueños de pasiones,
sintiendo que un minuto vale por la vida.

Transportados en nubes misteriosas del amor
los segundos nos envuelven en locos desafíos.
Unidos nuestros cuerpos y en silencio el corazón,
girando en vaivenes de abismos y vacíos.

~19~
Vivir es magia

Busqué encontrar el sentido de la vida
y hallé que en cada cosa estaba.
Descubrí ,vibrante, las emociones mías,
y entendí el milagro en cada paso que yo daba.

Vivir es magia y un montón de cosas.
Es llorar, reír, sufrir, amar.
Si estoy feliz, en mi vida hay rosas
y en cada instante, vivir también es dar.

Vivir es una mañana cuando llueve,
o un día radiante de alegría.
Es una magia divina que nos mueve,
recordándonos en todo que es la vida.

~20~
Escape

Si pudiera escapar del destino,
me reiría de todo en la vida.
Huiría, huiría por muchos caminos,
muy lejos sería mi huida.

Ni siquiera las horas me alcanzarían
porque mi carrera sería vehemente.
Huiría con prisa, huiría.
Tampoco podría alcanzarme la muerte.

Me burlaría de todo en la huida mía.
Miraría al mundo sin entender yo nada.
Correría lejos en la mente mía.
Qué locuras estas tan disparatadas.

~21~
EXPERIENCIA

Vivir implica ,como Garrid lo hacía,
poder reír mientras el alma llora;
saber beber en un trago de osadía,
las penas que en el corazón afloran.

Entre arrullos de amores y verdades,
caminamos por senderos florecidos.
Tropezamos con muchas falsedades,
sin echar nuestros sueños al olvido.

Solo con los años aprendemos y vivimos,
la vida con gran calma.
Comenzamos a valorarnos y a querernos,
ya no pesan las tristezas en el alma.

~22~
Misterios

En ese espacio libre entre el pensamiento y alma,
en donde el silencio anida y la tristeza calla.
Allí, donde los secretos viven en completa calma,
y las penas matan aunque vida haya.

Los minutos pasan veloces en el tiempo
y de nosotros no va quedando nada.
La vida, cual ruleta girando con el viento,
y el alma con tristeza, al corazón atada.

Misterios infinitos que viven en nosotros,
profundos sentimientos que nadie los comprende.
Mirar la lejanía y descubrir mil rostros,
unidos a la vida que siempre nos sorprende.

~23~
NUESTRAS VIDAS

Estremecernos, vivir en la lucha.
Manos llenas de todo, manos vacías.
Cuerpos de sangre, carne y arcilla.
Vidas de sueños tu vida y la mía.

Preguntas sin respuestas, lágrimas y risas.
Vivir descubriendo un mundo anhelante.
Te busco y te encuentro, tu cuerpo en mi cuerpo,
amores desnudos de sueños distantes.

Todo, nunca, siempre, palabras al viento,
el tiempo cual número señalando el camino.
Tus manos, mis manos, nuestro amor tan sediento,
de la misma vida que los dos vivimos.

~24~
Iniciales grabadas

Nuestras iniciales en un árbol las grabamos,
como chicos jugábamos los dos,
ese amor que allí ambos dejamos,
fue el comienzo de nuestra relación.

Han pasado los años y los días,
este amor presente siempre está.
No se han ido las locas fantasías,
nuestros sueños inquietos, no se van.

¿Cuánto tiempo ha pasado desde entonces?
Primaveras, otoños, inviernos y veranos.
Esos nombres enlazados, recordando nuestras voces,
tú y yo con un futuro para amarnos.

~25~
Mi yo

Es difícil comprenderme plenamente.
Cada rincón de mí tiene un momento.
Vivo enigmática el presente,
no quiero que sepan lo que siento.

Es mi yo interior todo mi secreto,
deposito en él mis emociones.
Lo llevo en mí como amuleto.
Es mío. Mías son mis sensaciones.

Mi mundo es como la llanura:
inmenso verdor de fantasías.
Es mi yo una fuente de ternura,
donde nadie conoce el alma mía.

En estos secretos voy viviendo,
ser yo sin que sepan lo que pienso.
Este yo que en mí vive existiendo,
vivirá conmigo en el suspenso.

~26~
Fantasías contigo

En un lucerito caído del cielo
te encontré, amor, rendido al azar.
Y una nubecita de terciopelo
cubría tu rostro con celo al pasar.

Te besé despacio, sin prisa.
Tú despertaste sin comprender.
Muy suave nos envolvía la brisa,
tú sonreías queriendo entender.

Yo imaginando seguía pensando,
mi mente loca jugaba contigo
y el lucerito se iba alejando,
mientras mis sueños eran testigos.

Ya no hay lucero ni te tengo, amor,
pero te amo en mis realidades.
Eres el cielo de mi corazón,
eres la fuente de mis ansiedades.

~27~
Hermosa mañana

Sueño de amanecer, luz de mis ojos,
hermosa mañana de promesas y de amor.
Dueña única de mis locos antojos,
fuente de energía, aromas y color.

Se mecen tus vestidos de gasas azuladas,
con brisas que te siguen al querer pasar
y en tus nubes blancas ligeras pinceladas,
dibujan en tu cielo palabras al azar.

En la belleza de tu celeste ilusión
deleitas nuestras vidas, embriagas nuestra mente,
anidas juguetona en cada corazón.
Mañana preciosa, momento presente.

~28~
Imposible olvidarte

Fui a la orilla del mar para olvidarte.
Te arranqué del corazón, te sepulté en la arena,
caminé lejos, no quise mirarte.
Temía yo misma a mi triste pena.

El agua juguetona te desenterró, traviesa.
El mar te arrullaba dulcemente,
las olas te mecían con tibieza,
mientras yo te borraba de mi mente.

De pronto me detuve en un instante.
estabas ahí, en todos los espacios.
El eco del mar empezó a nombrarte,
mi sangre te absorbió despacio.

No puedo deshacerme de tu amor.
Te amo y vives en mi vida.
Te llevo en mi cuerpo con ardor,
eres mi cruz y mi agonía.

~29~
ENREDOS

Quererte fue mi alegría.
Amarte ha sido mi cruz.
Soñarte de noche y de día,
Ha sido mi pena,
y mi llanto lo has sido tú.

Tenerte, mi loca esperanza.
Esperarte, un eterno porqué.
Extrañarte y vivir de añoranzas.
¿Masoquista quizás? No lo sé.

Tú, yo, los dos, ¿lo entiendes?
Como un verbo, huir, llorar, amar,
nosotros, el mundo. Amor, ¿lo comprendes?
¡Qué enredo tesoro! Tal vez ayer, tal vez hoy.
Quiero volar

Que fácil sería romper las cadenas,
escapar al destino, sin mirar hacia atrás,
construir fantasías y locos castillos,
mas creo, mi cielo, que te volvería a buscar.

~30~
Mi soledad

Me siento sola y quiero llorar.
En mis angustias creo morir,
pienso en mis horas de soledad,
en las tristezas de mi existir.

Un mundo lleno de fantasías,
mil maravillas, mucha ilusión,
agonías del alma mía,
tristes presagios del corazón.

Llevo lamentos que me torturan,
huellas profundas de sufrimientos.
Vivo llorando en mi amargura,
vivo muriendo en mis pensamientos.

~31~
Mi beso

En ese pedacito de luna
quedó engarzado un beso que te envié.
Ojala que el viento no lo tumbe,
puede caerle a alguien, lo sé bien.

Corre y trata de atraparlo,
no dejes, amor, que se vaya mi beso.
Mi beso no puedes regalarlo.
Es tuyo, mi amor.
Mira, en la luna está preso

Tal vez si extiendes tus manos,
mi beso, al sentirte, vuele hacia ellas.
Tal vez, si soplas despacio,
mi beso lo tumben las dulces estrellas.

Amor: ya la luna no quiere
seguir sosteniéndolo.
En esa nube yo lo estoy viendo.
Ven a mi lado que mi beso cayendo, cayendo,
espera que tú lo estés recibiendo.

~32~
Indescifrable

Me miro por dentro y me encuentro.
Navegas en la sed de mi amor,
eres manantial de mi cuerpo,
llama que quema mi ardor

Quiero que camines mi desierto
como espuma a la orilla del mar,
mi primavera desnuda por dentro,
en mis locas ansias de amar.

En tus manos, sueños del tiempo,
nuestras almas abanicos de sombras,
relámpagos de latidos abiertos,
los besos que nuestro amor no nombra.

~33~
Los años

Todos caminamos por la vida
apoyados en nuestros años juveniles.
El tiempo pasa y en nuestras idas y venidas,
ignoramos de la vida sus perfiles.

Nos trazamos ideales y mil sueños,
de los veinte a los setenta, un gran túnel.
Nos creemos de este mundo ser los dueños,
y en silencio nuestras vidas se consumen.

Sin apenas percatarnos, nuestros cuerpos envejecen.
La piel se nos arruga y olvida nuestra mente.
Los años se acumulan, el pasado emerge,
y ya no distinguimos si es futuro o es presente.

Nuestros pasos ya son lentos, caminamos ya sin prisas,
miramos hacia atrás y nos parece eterno.
La vida juguetona pasa cual la brisa,
somos como escarcha que trae el crudo invierno.

~34~
Mi copa

Busca en el fondo de mi copa
el dolor amargo de quererte así.
Limpia con tus labios y tu boca,
el veneno que en mi copa yo bebí.

Quiébrala, tírala bien lejos,
esta copa maldita es de dolor.
Mezcla tus sueños tan añejos,
presentes y futuros de los dos.

Desaparece esos pedazos de cristales,
son espejos de nuestra soledad.
Clavan en el alma sus puñales,
en la angustia de mi cruel realidad.

Quisiera escupir el vino que he bebido.
Sacar de mi pecho en jirones tu amor.
Borrar con mis lágrimas tus noches de olvidos,
mirarte despacio sin ansias ni ardor.

~35~
Por querer encontrarte

Conté mil lunas, mil noches, sus estrellas,
te busqué en espacios que forman el tiempo,
conté las horas y me envolví con ellas.
Haría mil cosas por ti, no te miento.

Estiré mis brazos, tratando de encontrarte.
Corrí caminos cerrados y abiertos,
soñaba contigo y al querer amarte
te busqué en arenas de todos los desiertos.

Dónde estás? Yo te necesito.
Te amo vida, déjame encontrarte.
Por ti amor iría al infinito.
Entiéndelo cariño, yo, sólo sé adorarte.

~36~
Poder apreciar

Yo vivo enamorada del mundo y de sus cosas.
Aspiro en la mañana la fragancia de las flores,
bendigo los jardines con sus rosas,
me embriago los sentidos de colores.

Es hermoso poder apreciar las maravillas,
sentir la brisa, ver el sol, oler la tierra,
llenar el alma de cosas tan sencillas,
pensar en paz, olvidarnos de la Guerra.

Verdes, azules, colores dispersos,
golondrinas al aire en trinos de sueños,
paisajes de conjuntos diversos,
somos nosotros sus únicos dueños.

~37~
PENSANDO

Pensando y pensando me paso mis horas,
mis sueños se enredan en la mente mía.
Pienso en mil cosas y me siento sola,
mi alma se inunda de melancolía

Vago en recuerdos y vuelvo al presente,
sigo pensando perdida en las sombras.
Pienso en momentos que están ausentes,
construyo mil mundos que mi alma nombra

Y pensando, pensando me quedo dormida,
prolongo en mis sueños mi loco pensar.
Y corren mis sueños por la sangre mía,
no sé si dormida o despierta al soñar.

~38~
TE QUIERO ASÍ

Yo se amarte de manera obsesiva,
te quiero como nadie te podrá querer.
Vivo prisionera de tu vida,
amor presente, mis sueños del ayer.

Te amo así de fuerte e incansable,
te llevo en mí, con fuego y con pasión.
Te amo de forma condenable,
quererte es mi única obsesión.

Que estoy loca, yo lo sé.
Pero te amo, eres mío,
eres tú la fuente de mi sed,
y en mi locura, tú, todo lo que ansío.

~39~
Como la piedra

Como una piedra está mi corazón, de desengaños
[muerto,
sin vida, quieto y triste en su lamento.

Como una piedra, callado sin sentido,
vive mi amor la amargura de tu olvido.

Así sin piedad en su aspereza,
vivo yo hundida en mi tristeza.

Como esa piedra irregular y fuerte,
así serás tú también, mi propia muerte.

Y así como la piedra sin corazón, ni mente,
te llevo en mi locura del presente.

~40~
Vivir

En nuestra vida cruzamos caminos y fronteras,
de enseñanzas y momentos que nos llenan
[de experiencia.
De alegrías y tristezas, de fracasos y quimeras,
conocemos falsedades, del amor y su existencia.

Con los años, distinguimos quien nos ama o traiciona,
poco a poco el corazón, palpitando de emociones,
y solo el tiempo nos enseña que lo que hoy
[nos apasiona,
va quedando en el recuerdo igual que las canciones.

Y entre amores y quimeras, palabras y promesas,
nos llenamos de experiencia y crecemos en la vida,
ya sin llanto ni tristeza va corriendo la existencia,
y la paz nos hace guardia en nuestras idas y venidas.

Aprendemos con los años de la verdad y la mentira,
ya no duelen las heridas que nos causan al amarnos,
disfrutamos los momentos ya sin llantos, ya sin iras,
y podemos del dolor fácilmente ya, alejarnos.

~41~
Me preguntas

Me preguntas amor, ¿me amas?
Si tú pudieras por mis arterias llegar a mi corazón,
te asombrarías con tanto amor, te asombrarías
                                      [al ver mi alma,
te quedarías tan sorprendido, que perderías
                                      [tu respiración.

Por ti mi amor, por ti,
corrí distancias y desafié la vida.
Por ti cariño, por ti viví,
por ti mi cielo, esta angustia mía.

Si me preguntas si yo te quiero,
en silencio me quedaría,
porque tu bien sabes, cariño mío,
que hasta el cielo, siendo tan cielo,
ante mi cariño se opacaría.

~42~
VIDA, CARIÑO, AMOR Y LOCURA

Viajo por el mundo de mis propias sensaciones,
navegando en aguas de vivencias idas.
En mi corazón un nudo de ilusiones,
y en mi mente tu recuerdo anida.

Añejos momentos teñidos de sonrisas,
mi mirada ausente, perdida en el vacío.
Me es todo indiferente, camino ya sin prisa,
mis recuerdos parecen vivir en el olvido

Más amo la vida y vivo un desafío,
siempre aferrada a los sueños del alma.
Mil veces de mí misma me río,
buscando la paz, yo pierdo la calma

Vida, cariño, amor y locura,
jirones del alma, al corazón unidos.
Así es el vivir, ¿por qué la amargura?
¿Por qué las preguntas y por qué tanto lío?

~43~
Otoño

Al mirar a través de mi ventana
veo caer las hojas lentamente,
sueños del ayer y del mañana,
recuerdos que mueren en mi mente

Otoño gris de tibias esperanzas,
con tus árboles meciéndose al viento,
sacia la sed de mi añoranza,
lleva en tus suspiros mis lamentos.

Otoño que tiñes los ambientes
con colores vivos, de tiernas fantasías,
déjame sentir lo que tu sientes,
enrédame en tu loca algarabía.

~44~
Vivir libre

Siéntete libre como gaviota,
vuela en alas de la ilusión,
no permitas que te encarcelen,
deja que ría tu corazón.

Corre libre por los caminos,
sueña en carrozas de fantasías,
vive los sueños de tu destino,
sé tú misma, la dueña de tu vida.

Descubre continentes diferentes,
sé libre sin promesas de pasiones.
Canta, ríe, llora simplemente,
vuela con los sueños de tus amores.

Aprovecha cada minuto de tu existencia.
Vive tu libertad alegremente.
Embriágate con la luz de tu experiencia.
Libérate de las cadenas de tu mente.

~45~
Oculté tu amor

En el fondo del mar escondí tu amor,
temerosa de que alguien lo robara.
Las algas lo cubrieron de color,
celosas de que el agua lo llevara.

Ahí en lo profundo y silencioso
tu amor es mío solamente.
Vivo feliz con mi secreto misterioso,
miro el mar y te beso con mi mente.

Las olas me traen tus ternuras,
los ecos los besos de tu amor,
el mar me grita con dulzura
que me amas cariño, con ardor.

~46~
ANÁLISIS

Hoy separé mi alma de mi cuerpo,
dividí mi corazón y mi ansiedad,
analicé por fin mis sentimientos,
descubrí en silencio mi verdad.

Aprendí que en mi sangre estás viviendo,
mis sentidos inundados de tu amor,
cada fibra de mi cuerpo son tus besos,
mi existencia es la fuente de tu ardor.

En mis nervios va enredada tu dulzura,
mis anhelos son latidos de pasión,
mi corazón una cárcel de ternura,
donde viven nuestros sueños de ilusión.

Mi carne de materia y de deseo,
mi alma, gaviota de inquietud,
mis ansias, luces de esperanza,
donde únicamente vives tú.

~47~
Y PIENSO

Mientras pienso y callo mis recuerdos,
veo pasar el tiempo como nubes.
Galopan en mi mente mil momentos
del ayer, de mis locas inquietudes.

Escucho risas, llantos y recuerdo los silencios,
mil rostros danzando en mi pensar,
me sumerjo en mis profundos pensamientos,
en palabras que vienen y se van.

Estoy atada a estos espacios de mi mente,
triste, pensativa, recordando,
viviendo mis horas del presente,
en un mundo que vamos caminando.

~48~
Vida, mariposa al viento

Desata mi corazón, déjame libre,
¡Oh, vida! Mariposa al viento.
Deja que vuelen mis pensamientos y

[que mi alma vibre,
en tu espacio sin límites de tiempo.

Déjame vagar en el infinito inmenso,
de estrellas y distancias de ecos y luceros,
dejar mi huella sin marcas ni suspenso,
mientras te busco, vida, por todos los senderos.

Y al hallarte, vida, en esos lugares y momentos,
llenar de ti el universo mío,
y en tu inmensidad como ave al viento,
volar libremente que es todo lo que ansió

Quiero entender de mi existencia
las preguntas que anidan en mí mismo,
y en ese espacio donde vive mi conciencia,
escaparme, vida, de tu misterioso abismo.

~49~
SOMBRAS

Allá a lo lejos, la noche negra y sola,
las mentes confusas, los cuerpos con frío,
allá a lo lejos el rumor de las olas,
amores y sueños, distantes, sombríos.

Sombras que danzan, juguetes del alma,
luces dispersas, cual coronas de hadas,
ecos traviesos, fantasmas de risas,
en esta noche triste, solitaria y helada.

Recuerdos celosos que persiguen la noche,
pensamientos inquietos que vuelan al viento.
Cierra tus ojos y esconde tu frío,
¿no ves que no entienden todo esto que siento?

~50~
DIOS

Dios ha sido la estrella de mi vida.
Dios, mi santuario, mi verdad.
Por Dios me he sentido consentida,
porque vivo y por Dios, yo puedo amar.

Mis pecados en Él los deposito,
me siento segura si en mi mundo está.
A Dios siempre yo lo necesito,
es mi fe y la luz de mi ansiedad.

Para mí, Dios, es mi todo.
En mis triunfos y tristezas, Él está.
Dios me guía, me consuela, me ilumina,
es la luz que me da seguridad.

~51~
NUESTRA VEJEZ

Llegará un día que terminarán nuestras ansias,
viviremos de sueños, en nuestro mundo lento,
olvidaremos caminos que recorren distancias,
nuestros rostros tendrán las marcas del tiempo.

Temblaran nuestras manos, se encorvará
                                  [nuestro cuerpo,
nuestra mente confusa mezclará los momentos,
viviremos anclados en el mismo puerto,
nadie sabrá de nuestros sufrimientos.

Seremos los viejos, que no nos entienden,
de ideas de antaño y un poco chiflados,
pisaremos alfombras que los años nos tienden,
seremos cual niños desamparados.

~52~
Y DIME

¿No me recuerdas? Mírame bien, mira mis ojos.
¿Acaso olvidaste que pasan los años y se van los días?
¿Acaso soñabas en tus locos antojos,
que jamás mi rostro arrugas tendría?

Mírame, amor, y dime si me amas,
con la fuerza brutal que antes decías.
Mírame ahora, descubre mis canas,
y entonces encuentra la verdad de la vida.

Los años nos cobran minuto a minuto,
solo el amor subsistir podría,
por eso pregunto, mil veces pregunto:
¿podrías amarme aún todavía?

~53~
Azulejo

En esa rama que se mece al viento
un azulejo de mirar sombrío,
captó en sus trinos mis pensamientos,
voló llevándose el amor mío.

Azulejo, azulejo, pajarillo ensoñador,
cuando detengas el vuelo de tus alas,
retén prisioneros los sueños de mi amor,
no dejes mis pasiones en las ramas.

Al volar no te olvides, azulejo,
que mis ansias enredadas en ti van,
lleva mis sueños pajarillo, lejos, lejos.
Por favor, que el mundo sepa que sé amar.

~54~
MIENTRAS OBSERVO Y PIENSO

Cuando mido mis ansias y vuelan mis anhelos,
mis sueños viajan en alas del tiempo.
No hallo distancias, entre tierra y cielo,
y mi vida se centra en lo mucho que siento.

Mi corazón late, unido a mi cuerpo,
palpitan mis sienes, no sé lo que quiero,
son miles de cosas y sueño y despierto,
y entonces comprendo que vivo y que muero.

Sigo observando en silencio, mientras medita
[mi mente.
Mil preguntas danzando, mil momentos del pasado,
mi corazón, un enigma, sin saber lo que siente;
mi yo sin respuestas, anhelante y cansado.

~55~
Sueño mío

Un día quise alcanzar el cielo,
Reía, juguetona, con este sueño mío,
alcé mis brazos y agarré un lucero
imaginario, se me cayó en el río.

Empecé a buscarlo en el agua oscura,
su brillo iluminó mis ansias;
como una red, mi fantasía pura,
se tendió en el río sin medir distancias.

Y entre las aguas de mis ilusiones
corrían entre mis dedos,
la red de mi fantasía
y el lucero de mis amores.
¡Ay, cielo mío, lucero de la noche azul!
Permíteme ser tan alta
y brillar como brillas tú.

~56~
TÚ ERES

Son los dulces besos de tu boca,
licor que aturde mis sentidos.
Tus caricias son sueños que me tocan,
tu amor el refugio donde anido

Enloquezco al perderme entre tus brazos,
tu cuerpo es santuario de mi amor.
Déjame sentir este delirio
con la dulzura de tu amor y la ilusión.

Amor, vives en mí tan fuertemente,
que ni la furia del viento arrancaría
las mil ternuras de mi mente,
que por quererte invento cada día.

Tú, eres mi presente y mi futuro,
mis horas te buscan con gran obsesión,
eres almíbar de mis sueños,
mi risa, mi alegría, mi pasión.

~57~
Sola

Me sentí sola y ofrecí mi corazón.
Abrí mis alas y volé a un mundo extraño.
Mezcle las voces en fibras de ilusión,
ocultando mis tristes desengaños.

Dejé vagar mi existencia en el vacío.
Sin anclas, ni rumbos, ni emociones.
Mi cuerpo entonces se llenó de hastío,
en mi sangre se apagaron las pasiones.

En ese espacio de momentos grises,
buscando todo, regresé sin nada.
Y con mi soledad lo único que hice,
fue sentirme más triste y amargada.

~58~
A LA ORILLA DEL MAR

Voy pisando las huellas que dejaste al pasar,
en la arena tranquila a la orilla del mar.

Voy besando en silencio tu recuerdo tan mío,
voy soñando al descuido, los anhelos que vivo.

El mar con sus olas y su gran dimensión,
tú que en silencio me besas, amor.

Arena, sol y mar,
tus huellas que el agua quiere borrar.

Quiero en tus huellas mis huellas dejar,
y ver cómo llega y las besa la mar.

Y entre huellas de arena y caricias de mar,
gritar a las olas mis ansias de amar.

~59~
BUSCANDO HUIR

Buscando huir, choqué contigo.
Quise llorar, más en ti me refugié.
Preguntando el por qué, fuiste mi abrigo,
y sin embargo fuiste mi razón y mi llanto por ti fue.

En mi hoy te llevo, recelosa,
de mi ayer recuerdos nada más,
en mi mente una amnesia peligrosa
y en mi cuerpo una pregunta: ¿dónde estás?

Quiero huir, mas estoy atada.
Quiero llorar y ya no puedo.
Pregunto a gritos si soy amada.
No te quiero y en mí te llevo.

¿Estoy loca? Ya, yo no me entiendo.
¿Es que acaso el amor es un veneno?
Si te quiero o no te quiero, no sé qué estoy sintiendo.
¿Es esto amor? ¿O es por ti, cariño, que me muero?

~60~
Tu risa

Amor, no puedo vivir sin tu risa.
Déjame si quieres, sin el aire que respiro.
Aléjame, mi vida, del recuerdo,
pero —¡por Dios!— yo muero,
sin tu risa, amor, me pierdo.

En los momentos tristes, tu risa me acompaña.
Es para mí cascada, que sacia la sed de mi amargura.
Ríe, ríe siempre que en tu risa vivo,
déjame que ahogue en tu risa
esta ansiedad de amor y de ternura.

Tu risa, amor, es todo cuanto ansío,
cascabel de plata, ríos de ilusión.
Si tú ríes, se ilumina el mundo mío,
de luces de colores, que dan brillo al corazón.

~61~
Pasa el tiempo

Se me van los años, se me van los días,
en la melancolía de mi triste amor.
Se me van mis horas en la fantasía,
de estos sueños locos de mi corazón.

Baila tu recuerdo por dentro de mis venas,
en la primavera de mis pensamientos.
Traigo tu figura con la luna llena,
en campos de trigo, en alas del viento.

Corren los minutos fugaces, traviesos.
Pedazos de noche, testigos inciertos.
Tu nombre, mi nombre, tus besos, mis besos,
canciones de amores en bellos conciertos.

~62~
Mi ayer

Miro al pasado, el comienzo de mis días.
No estás tú, ni siquiera te imagino.
Te busca mi alma confundida,
mas tu imagen no existe en mi destino.

Muevo las horas, los segundos,
pasan por mi mente nubarrones,
excavo en lo profundo de mi mundo
y solo encuentro trozos de ilusiones.

Detengo el tiempo y empiezo a soñarte,
bailan en mi mente frases confusas,
me pierdo en caminos, queriendo encontrarte.
Es mi mente que juega, yo soy una ilusa.

~63~
Mi cuenta

Hoy conté los besos de tu boca.
Tus caricias, tus palabras de pasión,
tantos números me volvieron loca,
tantas cuentas en un solo corazón.

Perdí la cuenta miles de veces,
porque soñaba que me besabas.
Necesitaba contar en meses,
multiplicando cuánto me amabas.

Mil millones, doce mil.
Te amo, me amas, ya no cuento.
Bésame amor, hasta morir.
Acaríciame amor, sin perder tiempo.

~64~
La gente

Que me parezco a…
Qué risa escuchar tonterías.
Que si soy de…
Qué locos comparando mi vida.

Y así es la gente y así me miran,
así se burlan y así critican.
Cuánto hablan, qué importa lo que digan,
si soy feliz y a mí, nada me irrita.

Que si canto, que si río, que si lloro, que si callo.
Que si camino raro, que si estoy muy pálida,
Que si mi signo es cáncer o que si nací yo en Mayo.
Que si estoy gordita, que si estoy escuálida.

Y luego dicen: ¿estará enferma?
Y me miran y son cobardes.
Me señalan al criticarme, mi autoestima
                              [quieren robarme,
y sufren con sus alardes.

~65~
La montaña

De pronto el agua en cascada misteriosa,
como hilos de plata bañando la montaña,
el eco de la brisa jugando, cadenciosa,
el sol dorado que en rizos traviesos la acompaña.

En los costados musgos de verdes soñadores,
mil trinos en el aire que caen al vacío,
aromas esparciéndose, inquietos, juguetones,
hermoso paisaje ante los ojos míos.

Captar la maravilla de un mágico momento.
Poder admirar tan hermosa realidad.
Sentir en la sangre, con inmenso sentimiento,
las bellezas del mundo en su faz natural.

~66~
LUNA

Luna coqueta que besas el río,
con trenzas de oro en la oscuridad.
En tus sonrisas de sueños idos,
sigue alumbrando a la humanidad.

No te ocultes en esa nube,
lunita triste de sentimientos.
Baña la arena y en el agua que sube,
quiero que dejes tus sufrimientos.

Luna pequeña, luna lejana,
envuélveme en tu soñar.
Ilumíname hasta mañana,
deja que sueñe sin despertar.

~67~
Como la hiedra

Como la hiedra te enredaste en mis sentidos,
mi sangre se alimenta con pasiones.
Aprisionas mi corazón con tus latidos,
absorbes mis locas sensaciones.

Me cubres, me atas, me ciegas.
Dominas mi mente y mi amor.
Anidas en mi dulce entrega,
te adhieres a mí con ardor.

Tus raíces se esparcen por mis venas.
Los dos en un solo corazón.
Bebes de la angustia de mis penas,
vives por la sed de mi pasión.

~68~
CONJUGACIÓN

Me gusta conjugar el verbo Amar:
Yo te amo infinitamente a ti.
Tú me amas como el sol al mar,
amarnos es, amor, nuestro vivir.

Yo, tú, él, nosotros, vosotros, ellos,
amaremos algún día con intensidad.
Amar en nuestras vidas es un sueño bello,
amor es la base de la humanidad.

Mil palabras describen al amor,
te necesito, te quiero, te adoro.
Sentimiento de fuerza y ardor,
cielo mío, cariño, tesoro.

~69~
EN ALAS DEL TIEMPO

En las alas del tiempo se van las pasiones
y el alma se queda dormida, en silencio.
Y miles de horas vacías de amores,
que llenan el mundo de secretos inmensos.

Marionetas los cuerpos que danzan al viento,
sentimientos envueltos en nubes fantasmas.
Corazones callados, dormidos y quietos,
vivir de recuerdos del fondo del alma.

No puedes hacer tus sueños eternos.
Pasan los días y el tiempo te hiere.
El amor, como el tiempo, no hay que detenerlo.
Todo en la vida nace y se muere.

~70~
Enigma

No tengo pasado, le huyo al presente.
Me espanta el futuro y la realidad.
Mi mente carece de sueños ausentes,
me burlo del tiempo que causa ansiedad.

Voy caminando, senderos abiertos,
le temo a las noches oscuras y tristes.
Soy prisionera de esto que siento,
mi vida es abismo de cosas que existen.

No oigo los ecos de mis desencantos,
me canso de todo, desafió el vivir,
no conozco penas, ni tampoco al llanto.
Solo sé que vivo, sin saber reír.

~71~
COBARDÍA

Qué es la cobardía, mi mundo se pregunta,
¿promesas enredadas en tiempos diferentes?
¿Palabras que volátiles viajan todas juntas,
y atraviesan el espacio de la nada y ausentes?

¿Ganar tiempo en momentos de grandes decisiones?
¿Matar con los minutos la fe y la alegría?
¿Temerle a la vida, vivir sin emociones?
Todo eso, creo yo, que es pura cobardía.

Cobardía es temer hacerle frente a situaciones,
cubrir con engaños las derrotas de la vida.
Posponer por temores las grandes decisiones.
Huirle a los hechos. Todo eso es cobardía.

~72~
CÓMO TE AMO

Llevo en mí un torrente de pasiones que alimenta
[mis sentidos.
Es mi sangre un mar de sensaciones,
mi mente cabalga en esos sueños míos,
todo mi cuerpo es un mundo de emociones.

Pasión, amor, ternura,
sentir, vivir, soñar.
Quiero embriagarme de ti, de tu dulzura,
verter en tus besos mi loca ansiedad.

Estremecerme fuerte al son de tus caricias,
saber que estás en mí como una bendición.
Hallar en tus ojos el calor de mis delicias,
perderme en tus brazos y entregarte el corazón.

~73~
Espejismo

Arremolino, cual hojas al viento,
tus caricias de rocío al alba.
Anido en tus sueños y en ecos,
golondrinas viajeras del alma.

Dos sombras en la noche triste
nuestros cuerpos de pisadas lentas.
Tu silencio oculto en mi silencio,
viviendo nuestras horas muertas.

Camino los senderos de tus nostalgias,
bebo en las fuentes de tus hastíos,
vivo en los crepúsculos de tu distancia
que sacian con tristeza el amor mío.

Horas al vaivén del frío,
volando enredadas en el viento.
Preguntas sin respuestas en el aire,
de estos locos e inquietos pensamientos.

~74~
DESVELO

No puedo dormirme en esta noche estrellada,
el sueño veloz huye de mí,
me hallo confusa, triste, cansada,
te busco en mis sombras y no estás ahí.

Empiezo a contar lentamente,
buscando mis ojos cerrar,
mas sigo despierta, confusa mi mente,
mis ojos, abiertos, no quieren soñar.

No puedo dormirme en mis locos antojos,
¿qué pasa esta noche, por qué mis desvelos?
Quisiera ya mismo se cerraran mis ojos,
quedarme dormida con las estrellas del cielo.

~75~
LAS FLORES

En cada flor palpita la esperanza,
los sueños de mi alma se esconden en las flores,
sus colores tiñen de fiesta y añoranza
los secretos rincones de todos mis amores.

Jardines de ilusiones, mis locas fantasías.
Aromas de alegría, mezclados de color.
Conjuntos diferentes de flores consentidas,
los jardines que en mi mente le dan vida al corazón.

Margaritas, magnolias, pensamientos:
jardín del amor y la ilusión,
flores que borran sufrimientos,
divinas promesas del amor.

~76~
Locura

Para que yo te oyera
gritaste fuertemente desde tu ventana.
¡Te quiero! ¡Te amo! Querías que el eco fuera
suavemente a mí, cada mañana.

Eres como un chico enamorado.
Juegas con las frases de tu mente.
Te quiere mi corazón ilusionado,
estoy cautiva en tu presente.

Amor, necesito tu amor de esta manera:
loco, obsesivo, enamorado.
Te amo, eres mi quimera,
estamos los dos encadenados.

~77~
Decepción

Miro sin mirar, estoy ausente,
no quiero escuchar, no quiero entender.
No sé lo que mi alma siente,
para mí es lo mismo ganar, que perder.

Ya no hay ilusiones, ni cariños, ni anhelos.
Estoy aquí sin saber de mí,
no me acuerdo ya de mis locos desvelos,
solo sé que todo yo lo perdí.

Que hay risas, que hay llanto,
¿que el mundo gira y cambia la suerte?
Si a nadie le importa mi amargo quebranto,
¿Qué importa vivir o que llegue la muerte?

~78~
Recordando

En estos pensamientos míos, solitarios y profundos,
divaga mi alma en lenta pesadumbre.
Abarco con mi mente la inmensidad del mundo,
mis ansias despiertan y mi inquietud descubre.

Horizontes lejanos de paisajes y brisas,
como una cinta mi mente grabando.
Recuerdos de todo, palabras y risas,
pesares ocultos, momentos pasando.

Túneles de tiempo, palabras de olvido,
el sabor de las lágrimas, que marcan la piel.
Rostros borrosos de sueños ya idos,
recuerdos tan solo, que saben a hiel.

~79~
SEÑOR DIOS

Señor te amo y te llevo en mis silentes pensamientos.
Camino por el mundo porque tú me guías,
vives presente en todos mis momentos,
eres luz de mi esencia y mi dulce compañía.

Sin Ti, Señor, viviría en un mundo oscuro,
porque Tú, iluminas las pisadas mías.
Me alimento de tu amor tan puro,
y al amarte, Señor, Tú me das vida.

Solo puedo decirte: Dios, te amo.
Perdón mil veces por todas mis caídas,
eres el poder, la gloria, el amo,
no me faltes nunca. Sin Ti, Señor, nada yo sería.

~80~
Para qué pensar

Si miráramos las verdades de este mundo
y entendiéramos a las personas como son,
si buscáramos en los espacios más profundos,
perderíamos, todos, la razón.

Preferible vivir en la ignorancia,
aparentando no ver la realidad.
Vivir sin mirar en las distancias,
creer que nos dicen la verdad.

Si analizáramos a los seres que nos quieren,
Si preguntáramos un minuto ¿quién soy yo?
Todo aquello que lastima y que nos hiere,
dejaría nuestras vidas sin amor

Qué es la vida, poca gente lo comprende.
Pasan por el mundo sin saber,
y así como viven y no entienden,
muchos otros hay, que viven sin querer.

Y los pocos que entendemos qué es la vida,
que sentimos con alma y corazón,
hay momentos que buscamos una huida,
evitando que lastimen nuestro amor.

~81~
POR TI

Será mi amor el que jamás te olvide,
seré yo tu única verdad,
solamente mi alma por ti vive,
amarte, amor, es mi gran realidad.

Quererte es el elixir de mis sueños,
embriagarme de ti, es mi loca obsesión.
Eres de mi vida, tú, mi único dueño,
vives en mis horas de ilusión.

Vas enredado en mis sentidos,
eres mi anhelo de vivir.
Solamente amor por ti yo vivo,
eres tú la razón de mi existir.

~82~
JÚRAME

Júrame, amor, que me amarás por siempre.
Júrame que soy toda tu vida.
Júrame que soy lo que tu alma siente.
Júrame que soy tu consentida.

Quiero que me jures, ¿no lo entiendes?
Quiero tener tus juramentos.
Porque al jurar, amor, tu no me mientes,
si me juras, tu amor es sacramento.

Si tú me juras, vida mía,
encadenas tu amor mucho más fuerte.
Al pedirte que me jures cada día,
tu amor me lo das hasta la muerte.

~83~
¿Te has dado cuenta?

¿Has visto alguna vez de la lluvia su belleza?
¿Te has fijado en el sol o has visto la luna?
¿Has podido entender cuando sientes tristeza?
¿Has podido observar de las playas sus dunas?

Cuando miras al cielo ¿tú ves las estrellas?
¿Escuchas acaso de las aves sus trinos?
¿Entiendes lo bello que existe en ellas?
¿Comprendes el mundo en el cual existimos?

Tus prisas te llevan a oscuros momentos,
te ciegan la mente, te oprimen el alma,
no dejan que vivas, te ofrecen desiertos,
y logran de a poco robarte la calma.

Descubre tú solo que el vivir es magia.
Los miles momentos de cosas hermosas,
y si en tu interior sientes nostalgia,
piensa tan solo en el color de las rosas.

Cierra tus ojos y aprecia la vida,
que a pesar de las penas vivimos en ella.
Recuerda que somos cual luz encendida,
igual que la noche al brillar las estrellas.

~84~
COMO EL OTOÑO

Muchas veces como el otoño
las hojas de mi amor
van secándose sin prisa,
con el frió y con el calor.

Sus colores van cambiando,
cada uno es mi ilusión,
que al morirse van saciando,
la tristeza de mi corazón.

Cada hoja es mi delirio.
Todo lo que siento yo.
No quisiera que mi otoño,
me apagara la luz de amor.

Sus colores diferentes son mi gran pasión:
amarillo, verde, rojo, colores de fantasía.
Quisiera aprisionar el verde en mi corazón,
para que nazca la esperanza en el alma mía.

~85~
Conjunto de palabras

Como lamparita del cielo la luna,
tus ojos mi dulce soñar,
en la noche canciones de cuna
y en mi mundo tus ansias de amar.

Las estrellas, ojitos del cielo.
Tu cariño mi gran ansiedad .
Los luceros, centinelas despiertos,
en las noches de mi soledad.

Y así, luna, estrellas, luceros,
tus ojos, mis noches, mi amor.
Conjuntos que dicen: te quiero,
de sueños que laten en el corazón.

~86~
Nuestra mente

En nuestro secreto, espacio de la mente,
en sus silencios divagamos lento.
Nuestros recuerdos viven siempre tan presentes,
en ese mundo que tan solo es nuestro.

Cerramos nuestros ojos y pasan los momentos,
veloces por la mente de ellos cautiva,
el corazón que sueña, envuelto en sentimientos,
y el alma en su esencia, invisible y sensitiva.

Infinito de sorpresas, nuestro yo interno,
lágrimas y risas, mundo de secretos.
Nuestro cielo y dicha, nuestro propio infierno,
profundo y desafiante, silente y tan discreto.

~87~
Insomnio

En esta larga noche de este insomnio mío,
mis pensamientos vuelan y mis tristezas callan.
Solo queda claro lo que yo he vivido,
es mejor soñar, mientras vida haya.

Dejar que la mente vuele en las ternuras,
de los momentos bellos que llenan nuestras vidas.
Viajar al infinito en esta noche oscura,
atrapada en el humo de vivencias idas.

Y entre remolinos de insomnios y recuerdos,
sentir que nuestro mundo es de mágica belleza.
Volar lejos, muy lejos ,en fracciones de momentos,
y arrancar del alma con fuerza la tristeza.

Si el insomnio sirve para pensar un poco,
Es, mejor despierta, imaginar mil sueños.
Porque al soñar el mundo nos parece loco,
y nos sentimos de la vida dueños.

~88~
Amor ¿dónde estás?

¿Amor, dónde estás? ¿En dónde estás, amor?
Estoy en tu sangre y en tus sueños,
en los silencios de tu dulce inspiración .
Estoy en ti, estoy acá, yo soy tu dueño.

Vivo adherido en tu agonía,
vivo en tu cuerpo y tu razón.
Déjame ser la estrella que te guía,
estoy aquí en tu propio corazón.

Estoy en ti y en tus sentidos,
vivo en tu respiración
vivo palpitando en tus latidos,
porque soy de tu vida la ilusión.

~89~
APARIENCIAS

Mi vida siempre aparento ser tranquila, muy quieta.
Mi alma parecía desnuda y serena.
Cuando en mis venas vibraban pasiones inquietas,
y de mi mundo nadie conocía mis penas.

Así yo vivía, a través del tiempo,
mirando mis ojos de sueños dormidos,
mi cuerpo y mis manos cual alas al viento,
mi mente, secretos donde siempre anido.

Así yo dejaba que el mundo creyera
saber casi todo, de mi propio sentir.
Más lejos estaban de conocer mis quimeras,
y poder entender un poco de mí.

Yo reía, cuando quería llorar.
Yo lloraba, para poder reír.
Me callaba, para poder soñar.
Y en mis silencios, yo podía huir.

En situaciones difíciles, disfrazaba mi alma.
Miraba profundo para poder evadirme,
callaba cuando tenía calma
y en mis tristezas quería morirme.

~90~
MONCHI

Pequeñito, lanudo, sucio y triste,
muchos chicos te encontraron, queriéndote ayudar.
Más conmigo, en una caja de cartón tú te viniste,
y al mirarme me querías casi hablar.

Descubrías mi casa con anhelo,
brincabas y corrías sin ladrar.
Un perrito que nos cayó del cielo,
movías tu rabito al caminar.

"Monchi", así te bautizamos.
Te comías cuanto había y mucho más,
"Monchi". "Monchi" te llamamos,
Y tú, perrito, empezaste a ladrar.

Te llevábamos a todos los rincones.
Jugabas con cangrejos en el mar.
Y eras tan chiquito y tan flaquito,
mas robaste nuestros corazones
y hoy, Monchito, imposible poder quererte más.

Dominaste terrenos prohibidos.
Cada día abarcabas mucho más.
En casa de nuestros amigos, fuiste el dueño,
y en nuestra casa, el amo del hogar.

Tus ojitos, al mirarnos, dicen todo.
Mimoso, juguetón y agradecido.
El amor que te damos, entre todos,
Tú, Monchito, lo tienes merecido.

Ya viejito, sin fuerzas y muy lento,
sigues siendo en nuestro hogar el consentido.
Te queremos mucho, "Monchi", y es muy cierto,
compañero y amigo siempre has sido.

Compañero que entiendes cuanto miras,
tus ojitos mimosos nos vigilan
y en silencio, agradeces y suspiras.

~91~
Sin barreras

No hay barreras ni distancias en el mundo,
que por quererte mi vida no traspase.
Ni siquiera los abismos más profundos,
impedirán a nuestras almas el amarse.

Por más alto que brillen las estrellas,
por más lejos que se encuentren los luceros,
nuestro amor formará una sola huella,
tú y yo sólo seremos un sendero.

Ni los mares más profundos y bravíos,
ni siquiera el infinito en su extensión,
ni la corriente loca de los ríos,
podrían luchar con nuestro amor.

Ni siquiera la muerte, vida mía,
con su sombra de triste posesión,
podría en sigilosa tiranía
interponerse jamás entre los dos.

Porque tú, en mí vivirás eternamente.
En mis cenizas, enredado quedarás,
y mi alma navegando ciegamente,
gritará que por siempre te amará.

¿Qué importa el infinito en la distancia?
¿Qué importa amor el más allá?
Si tu amor va prendido de mis ansias,
y tú siempre en mí te encontrarás.

Índice

1 ~ Así soy 9
2 ~ El mendigo 10
3 ~ Cuando me recuerdes 11
4 ~ A solas 12
5 ~ Por siempre 13
6 ~ Cuando estemos viejos 14
7 ~ Cuando me haya ido 16
8 ~ Hoy quise ser niño 17
9 ~ Mujer 18
10 ~ Magia 19
11 ~ Mi vejez 20
12 ~ Crepúsculo 21
13 ~ Buscándote 22
14 ~ Mayores 23
15 ~ Como una golondrina 25
16 ~ Mis ilusiones 27
17 ~ Invierno 28
18 ~ Éxtasis 29
19 ~ Vivir es magia 31
20 ~ Escape 32
21 ~ Experiencia 33

22 ~ Misterios	34
23 ~ Nuestras vidas	35
24 ~ Iniciales grabadas	36
25 ~ Mi yo	37
26 ~ Fantasías contigo	38
27 ~ Hermosa mañana	39
28 ~ Imposible olvidarte	40
29 ~ Enredos	41
30 ~ Mi soledad	42
31 ~ Mi beso	43
32 ~ Indescifrable	44
33 ~ Los años	45
34 ~ Mi copa	46
35 ~ Por querer encontrarte	47
36 ~ Poder apreciar	48
37 ~ Pensando	49
38 ~ Te quiero así	50
39 ~ Como la piedra	51
40 ~ Vivir	52
41 ~ Me preguntas	53
42 ~ Vida, cariño, amor y locura	54
43 ~ Otoño	55
44 ~ Vivir libre	56
45 ~ Oculté tu amor	57
46 ~ Análisis	58
47 ~ Y pienso	59
48 ~ Vida, mariposa al viento	60
49 ~ Sombras	61
50 ~ Dios	62
51 ~ Nuestra vejez	63

52 ~ Y dime	64
53 ~ Azulejo	65
54 ~ Mientras observo y pienso	66
55 ~ Sueño mío	67
56 ~ Tú eres	68
57 ~ Sola	69
58 ~ A la orilla del mar	70
59 ~ Buscando huir	71
60 ~ Tu risa	72
61 ~ Pasa el tiempo	73
62 ~ Mi ayer	74
63 ~ Mi cuenta	75
64 ~ La gente	76
65 ~ La montaña	77
66 ~ Luna	78
67 ~ Como la hiedra	79
68 ~ Conjugación	80
69 ~ En alas del tiempo	81
70 ~ Enigma	82
71 ~ Cobardía	83
72 ~ Cómo te amo	84
73 ~ Espejismo	85
74 ~ Desvelo	86
75 ~ Las flores	87
76 ~ Locura	88
77 ~ Decepción	89
78 ~ Recordando	90
79 ~ Señor Dios	91
80 ~ Para qué pensar	92
81 ~ Por ti	94

82 ~ Júrame 95
83 ~ ¿Te has dado cuenta? 96
84 ~ Como el otoño 98
85 ~ Conjunto de palabras 99
86 ~ Nuestra mente 100
87 ~ Insomnio 101
88 ~ Amor ¿dónde estás? 102
89 ~ Apariencias 103
90 ~ Monchi 105
91 ~ Sin barreras 107

OTRAS OBRAS DE LA AUTORA
EN ESTE MISMO SELLO EDITORIAL

Colección Millo de Cuentos Infantiles
(En inglés y en español)

Bahía Solano de mis Amores
(En inglés y en español)

www.ingramcontent.com/pod-product-compliance
Lightning Source LLC
Chambersburg PA
CBHW051657040426
42446CB00009B/1174